新装版 ホメる！教師の1日

中村健一 編著

黎明書房

はじめに

　この本で一番言いたいのは，

> 教師の１日は，ほめるためにある

ということです。

　私は，昔，明石家さんま氏のＴＶ番組「踊る！　さんま御殿!!」を全て字起こししたことがあります（『学級担任に絶対必要な「フォロー」の技術』黎明書房を参照）。

　１時間の番組を全て字起こしするのは，大変な作業でした。

　しかし，大きな成果がありました。それは，さんま氏の一番の仕事が分かったことです。

> 明石家さんま氏の一番の仕事は，笑うこと

でした。

　他のゲストが笑っていない時でも，さんま氏は笑っています。お客さんが笑っていない時でさえ，さんま氏は笑っています。

　あなたが，さんま氏の番組に出たと想像してみてください。

大スターのさんま氏が，あなたの話を聞いて，必ず笑って
くれるのです。あなたは，きっとうれしいはず。そして，も
のすごく話しやすいはず。

　さんま氏に笑ってもらうとは，認めてもらうこと。ほめら
れることと同じです。

　だから，さんま氏の番組では，ゲストが生き生きと話せる
のでしょう。

　私は教師の一番の仕事も同じだと思っています。

> 　教師の一番の仕事は，ほめること

です。

　自分が何をしても，先生が必ずほめてくれる。そんな状況
を作れば，子どもたちは自信を持って活動できますよね。

　それなのに，若手教師は，ほめることが少なすぎます。

　拙著『策略　ブラック学級づくり──子どもの心を奪う！
クラス担任術──』（明治図書）に中村の名言を載せていま
す。

> 　リスク０，しかも，コストも０の「ほめる」という武
> 器はどんどん使うに限る。使わないのは，もったいない。

　若手教師は，この名言を胸に，子どもたちをどんどんほめ

てほしいですね。

> 教師の１日は，ほめるためにある

のだと心得ましょう！
　そして，子どもたちをどんどんほめましょう！
　子どもたちをどんどんほめると，子どもが教師を信頼します。クラスがうまく回り始めること間違いなしです。

　最後になりましたが，河内教員サークルＳＯＹＡのみなさんにお礼を言います。ＳＯＹＡのメンバーのお陰で本書を書き上げることができました。ありがとうございました。
　特に代表の西山克幸氏に感謝します。本書の企画は，西山氏によるものです。また，多くの素晴らしいお原稿をくださいました。西山氏の存在なくしては，本書はあり得ませんでした。本当にありがとうございました。

　子どもたちも笑顔！　先生も笑顔！
　私，中村健一は全ての教師の味方です。
　この本を使って，どんどん子どもたちをほめ，全国の教室に笑顔があふれることを祈っています。

編著者　中村　健一

＊本書は，先に出版した『教師のための携帯ブックス⑲　ホメる！　教師の１日』を新装・大判化したものです。

もくじ

第3章
授業②発表でホメる！ ················ 33

第4章
授業③何でもホメる！ ················ 43

第5章
ちょっとした場面でホメる！ … 55

第 1 章

朝イチ，朝の会から ホメる！

　教師の1日は，ほめるためにあります。

　朝イチから，子どもをほめてほめて，ほめまくりましょう。

　子どもたちも教師も気持ちよく，朝のスタートを切ることができますよ。

1 朝のあいさつは個別にホメる！

朝，子どもたちは先生にあいさつをして教室に入ってきます。教師はそのあいさつを個別に評価して，ほめましょう。

すすめ方

① 朝，教室に入る時には，自分から大きな声で先生にあいさつする約束をする。

② 「あいさつは？」（教師）「自分から！　大きな声で！」（子どもたち全員が声を揃えて）と合言葉も決め，くり返し確認する。

③ 子どもたちは約束通り，先生にあいさつして教室に入ってくる。

④ 教師はそのあいさつに対して，「おっ！　自分からあいさつできたね。エライ！」「素晴らしく大きな声だ。さすが！」と一人ひとり評価する。

⑤ 特にあいさつの上手な子には，「素晴らしい！　本日最高！」と言う。すると，その子は喜ぶ。そして，ますます自分から大きな声であいさつするようになる。　　（中村）

2 朝のあいさつは点数をつけてホメる！

> あいさつは，項目を決め，点数をつけてチェックしましょう。子どもたちは，どんなあいさつがよいかよく分かり，あいさつの仕方を意識するようになります。

すすめ方

①　教師は「あいさつは笑顔で目を見て自分から。できたら一言付け加えてしましょう」と話をする。

②　次の日，「あいさつできた人？」「笑顔であいさつした人？」「目を見てあいさつした人？」「自分からした人？」「一言付け加えられた人？」と聞き，手を挙げさせる。

ヨッ！

あいさつ名人♡

③　１項目１点で採点させる。

④　５点満点の子がいたら，「あいさつ名人だ！」とほめる。

⑤　下の学年，上の学年，教頭先生，校長先生，事務員さん，調理員さん，地域の人など，何人の人にあいさつしたかで点数を決めるのもよい。学校だけでなく，地域のいろいろな人にあいさつするようになる。　　　　　　　　　　（西山）

3 黒板の流れに沿って動く子を ホメる！

朝，なかなかエンジンがかからない子は多いもの。黒板に朝イチの動きを書き，細かくほめて子どもたちを動かしましょう。

すすめ方

① 教師は黒板に「(1) 漢字ノート出す　(2) 計ドノート，自主勉出す　(3) ランドセルしまう　(4)……　(5)……」と朝教室に入ってからの動きを書いておく。

② なかなか動き出さない子がいれば，「黒板を見てごらん。(1) は何て書いてある？」と言う。

③ その子が漢字ノートを出せば，「すごい！　流れの通りに動けたね！」とほめる。

④ 途中で止まってしまった子がいれば，「何番までできた？」と聞く。

⑤ その子が「(2) まで」と答えれば，「えっ!?　もう (2) までできたの!?　すごい！　じゃあ，次は (3) をやろうね」と言う。すると，途中で止まっていた子も動き出す。（中村）

4 健康観察では一人ひとりを ホメる！

健康観察は，教師が子ども一人ひとりと会話をする チャンスです。一言声をかけ，ほめていきましょう。

•••••••••••••••••••••• すすめ方 ••••••••••••••••••••••

① 教師は「健康観察では，名前を呼ばれたら，『はい，元気です』『はい，風邪気味です』と様子を教えてください」と健康観察の仕方を教える。

② 「○○さん」と一人ひとり名前を呼んでいく。その時，「いい返事だなあ」「大きな声だな，やる気を感じるなあ」など，子どもたちに一言ほめ言葉を返す。

③ 金曜日の帰りの会で，「月曜日の健康観察は，土日の様子を一言入れて話してください」と伝える。

④ 月曜日の健康観察では，「はい，元気です。サッカーをして遊びました」「はい，少し風邪気味です。日曜は少し熱がありました」と土日のことを入れて返事をさせる。

⑤ 教師は「今度みんなにサッカー教えてね」「今日は元気になった？　教えてくれてありがとう」と認める。（西山）

5 挙手の仕方をホメる！

健康観察で挙手の仕方をほめましょう。毎朝行うと，授業中の挙手の仕方もグッとよくなります。

.... すすめ方 ....

① 健康観察では，「背筋を伸ばし手を挙げて返事をする」という約束を決めておく。

② 「○○さん」と名前を呼んだら，子どもは手を挙げて「はい，元気です」と言う。

③ 教師はそれを見て，「背筋がピンと伸びているから，大きな声が出たんだね」「腕が耳にぴったりくっついて，かっこいいね」「笑顔が素敵だね」などほめる。

④ 最後に「吉田先生！」と子どもたち全員が声を揃えて呼ぶ。教師は，「はい，元気です」と元気な声で返事をする。しかし，姿勢は悪くする。

⑤ 子どもたちは「背筋をピンとするといいよ」などアドバイスをくれる。そこで，「よく見ていたね。約束もよく覚えていて，エライ！」とほめる。（吉田）

14

6 欠席者への優しい行動を ホメる！

> お休みの子に対する優しい行動は，どんどんほめましょう。優しさが全体に広がり，温かいクラスになります。

すすめ方

① 健康観察の時，教師が欠席の子の名前を呼ぶ。当然，返事がない。

② そこで教師はもう一度その子の名前を呼ぶ。すると，誰かが「先生，お休みです」と言ってくれる。

③ 教師は，「よく気づいたね。お休みの人は返事ができないから，○○くんのように言ってあげるといいね」とほめる。

④ お休みの子のためにしてあげる優しい行動は，どんどんほめる。例えば，お休みの子に配られたプリントを机の中に入れてあげる。班にする時，お休みの子の机も移動してくっつけてあげる。など。

⑤ 他の子も真似をするようになり，クラス全体が温かい雰囲気になる。 　　　　　　　　　　　　　　　　　　　　　　　（吉田）

⑦ 自主学習でホメる！

子どもたちは自主学習に何をしてよいのか悩みます。素晴らしい自主学習をみんなの前でほめましょう。真似した子もほめましょう。すると，自主学習が充実していきます。

① 教師は，朝イチで自主学習ノートをチェックする。特に自主学習の内容やノートの書き方の工夫などに注目する。

② その時，「オリンピックのマークについて調べたんだね。面白い！」「分かりやすく色鉛筆を使っているよ。すごい」などと，つぶやく。

16

③　教師の机の周りを囲んでいた子たちは，興味を持つ。また，「オリンピックのマークを調べたの？　○○くん，すごい！」と友達同士でほめ合う姿も見られる。

④　朝の会でも，素晴らしい自主学習ノートを紹介する。

⑤　毎日紹介すると，真似する子が出てくる。「△△さんは○○くんの自主学習を真似してきて，素晴らしい。友達のよいところを取り入れることは大事だね」とほめる。すると，自主学習がどんどん充実していく。　　　　　　（川口）

8 下駄箱の上靴が揃っていた子をホメる！

> 靴を揃えることは，自分をふり返ることにつながります。
> 靴を揃える子をほめて，ふり返りの大切さを伝えましょう。

・・・・・・・・・・・・・・・・・・・ すすめ方 ・・・・・・・・・・・・・・・・・・・

① 教師は「下駄箱の靴のかかとが揃っていると気持ちがいい。靴を履く時も履きやすいです。靴を揃える習慣をつけましょう」と話す。

② 放課後，教師は下駄箱に行き，かかとの揃っている上靴の写真を撮る。

③ 次の日の朝，写真をクラスみんなに見せる。誰の上靴か予想させる。

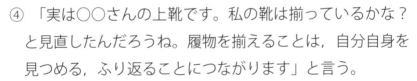

④ 「実は○○さんの上靴です。私の靴は揃っているかな？と見直したんだろうね。履物を揃えることは，自分自身を見つめる，ふり返ることにつながります」と言う。

⑤ 教師は毎日放課後に下駄箱をチェックする。揃えている子がいれば，「○○さん，自分をふり返ることができたね。うれしいなあ」と何度も伝える。みんなの前でほめると，さらに効果的。

(西山)

9 「全員，起立！」でホメる！

> 良いクラスの子どもたちは，素早く動けるものです。朝イチから子どもたちをほめて，素早く動けるようにしましょう。

・・・・・・・・・・・・・・・・・・・・ すすめ方 ・・・・・・・・・・・・・・・・・・・・

① 教師はいきなり，「全員，……起立！」と言う。

② 最初，教師は「遅い！」とダメ出しをする。

③ 次に「みんなが遅い中，○○くんだけは素早かったよ。『起立』の『き』を聞いて，すぐ立った！ 他の人は，『起立』の『つ』を聞いて立ってるんだもん。そりゃ，遅くなるよ。○○くんのように『き』を聞いたら，立つんだよ」と一番早く立った子をほめる。

④ 全員座らせて，再挑戦させる。教師が「全員，……起立！」と言う。すると，「き」を聞いた時点で，子どもたちは，サッと立つ。

⑤ 教師は「素晴らしい！ 今度は全員が『き』でサッと立てました。先生が言ったことがすぐできるのが○年○組のすごさだね。すごい自分たちに拍手〜！」とほめる。（中村）

⑩ 学級通信でホメる！

学級通信に名前を出して，ほめましょう。言葉だけでほめるよりも，100倍の効果があります。

① 教師はクラスの出来事を記事にした学級通信を作る。

② 特に子どもたちのよさを見つけて，記事にする。その時は，個人名をどんどん出してほめる。

③ 教師は，朝，学級通信を配って，読み聞かせる。読み聞かせるのがポイント。配っただけでは，子どもたちは読まない。

④ 名前を出してほめられた子は，ものすごくうれしそうにする。

⑤ 子どもたちは，学級通信を持って帰る。すると，保護者も学級通信を読んでくださる。名前を出してほめられた子は，保護者からもほめられる。ものすごくうれしくなり，やる気が出る。（中村）

授業①
態度を
ホメる！

第 2 章

学校生活の半分以上は，授業時間です。

授業中にしっかりほめれば，1日のほめる回数がものすごく増えます。

まずは，子どもたちの学習に向かう姿勢をほめましょう。

しっかりほめれば，子どもたちは授業に意欲的に取り組みます。

1 教科書の入れ方をホメる！

1時間目に使う教科書を引き出しの一番上に置くように指導します。ゲーム化してほめれば，子どもたちは授業の順番に教科書を入れるようになります。

すすめ方

① 教師は「教科書を机の中にしまう時は，授業の順番に入れます。1時間目の授業が国語なら国語の教科書を一番上に置きましょう」と教える。

② 朝の会の最後，1時間目が国語なら「国語の教科書を3秒で出してください。1，2，3」と言う。国語の教科書を一番上にしまった子は，すぐに出せる。

③ 3秒以内に出せた子は，「○○さんと△△さんは，合格！ちゃんと教科書を順番にしまっていたね。行動が速い子は，無駄な時間を減らすことができ，賢くなります」とほめる。

④ くり返して行うと，子どもたちは，教科書を授業の順番に机の中にしまうようになる。

⑤ ほとんどの子が3秒以内に出せるようになったら，「行動が速い子が増えてうれしいなあ」と全体をほめる。　　　（西山）

2 プラス1（ワン）をしている子を ホメる！

　教師が指示したこと以上にがんばった子をほめましょう。時間を無駄にせず最後の1秒まで努力しようという気持ちが育ちます。

すすめ方

① 　教師は「全員起立，『ごんぎつね』の3場面を読みます。1回読んだら座ります」と指示を出す。

② 　1回読み終わった子は座る。時間を持て余す子もいれば，2回目を読み始める子もいる。

③ 　2回目を音読している子に対して「○○さんは，1回読んだから終わりとせずに，2回目に挑戦しています。指示されたことで終わらず，時間がある限り挑戦する姿は素敵です」とほめる。

④ 　時間を持て余していた子も，2回目を音読し始める。

⑤ 　その子たちを「先生の話を聞いて，2回目に挑戦し始めたみんなは素晴らしい」とほめる。すると，プラス1（ワン）をしようという雰囲気がクラスの中に広がっていく。（西山）

※「プラス1」は，福山憲市先生の言葉です。

23

3 昨日の自分より伸びている子をホメる！

叱った後は，叱った子の成長を必ず見届け，ほめましょう。その子は必ず昨日の自分より成長しているはずです。

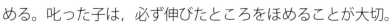

すすめ方

① 教師は「昨日より今日，今日より明日，ほんの少しでもいいから成長していきましょう」と話す。

② 授業中の私語が多い子に「私語は他の人に迷惑です。授業にもついていけなくなります。次はどうしたらいいか，考えなさい」と注意する。

③ 翌日，注意された子が，私語をせずに話を聞いていたら，「○○くんは，今日は私語をしていない。昨日の自分より成長したね。さすがです。やる気を感じます」とほめる。叱った子は，必ず伸びたところをほめることが大切。

④ 子どもたちは，自分の成長に気づかない。教師が些細な成長も見逃さずにほめると，自己肯定感が育つ。　（西山）

 # 自分の名前を大切にする子を ホメる！

　自分の名前を大切にしない子は，自分も他人も大切にできません。自分の名前を丁寧に書いている子をほめましょう。「今日も名前を大切にしてるね」とほめ続けることが大切です。

すすめ方

① 　紙を半分に折り，何も言わずに名前を書かせる。

② 　教師は「名前は，みなさんが生まれて来て初めてもらったプレゼントです。自分の名前を大切にしない人は，自分も他人も大切にできません」と言う。

③ 　半分に折った紙をそのままひっくり返させる。そして，そこに大きな字で丁寧に名前を書かせる。

④ 　子どもたちは紙を開いてみる。1回目より2回目の字が格段にきれいに書けていることに驚く。「上手になったと思う人？」と聞くと，「はーい」と手が挙がる。教師は「短時間で成長しましたね」とほめ，みんなで拍手をする。

⑤ 　紙を集めて，花丸をつけて返す。プリントなども名前から丸つけし，きれいに書けた名前には花丸をつける。（出嶋大）

5 隣の席の子をホメる！

例えば，手悪さをしている子がいた時です。その子を叱るのは，素人のすること。隣の席の子をほめると，手悪さはおさまります。

すすめ方

① 例えば，手悪さをしている子がいた時。教師はその子を叱りたい気持ちをグッと我慢する。

② 手悪さしている隣の子を「手を膝に置いて話が聞けていて，エライ！」とほめる。すると，その子もほめられたくて，手悪さをやめ，膝に手を置く。

③ それでも手悪さをやめなければ，逆隣の子をほめる。

④ それでもやめなければ，「○年○組は，膝に手を置いて話を聞けるクラスだね……いや，１人だけいた。後１人が膝に手を置けば，完璧なクラスだ」と言う。

⑤ それでもやめなければ，当然，厳しく叱る。　　　（中村）

6 既習事項を活用している子を ホメる！

　過去に習ったことを基に考える子をほめましょう。今まで習ったことを思い出し，何かヒントがないかと考えようとする姿勢が身につきます。

すすめ方

① 　教師は，全ての授業で「今までの授業で習ったことを基に考えることはとても大事です」と，日頃から既習事項を活用することの大切さを伝える。

② 　例えば，6年の理科の，葉にでんぷんがあるかを確かめる実験の方法を考える場面。教師が「葉に直接ヨウ素液をかければいいね」と聞く。

③ 　子どもから「そのままでは皮があるから駄目だと思う」という意見が出る。教師は「どうしてその考えを思いついたの？」と聞く。

④ 　その子は「5年生の時，インゲンマメの種を切ってヨウ素液をかけたから」と答える。

⑤ 　教師は「すごい！　○○くんのように今まで学習したことをヒントに考えれば問題解決の糸口が見つかるかもしれませんね」とほめる。

（西山）

27

7 辞書を使う子をホメる！

　分からない言葉や漢字があったら，辞書で調べる子に育てたいものです。辞書を使う子をどんどんほめて，辞書を使う習慣を身につけさせましょう。

・・・・・・・・・・・・・・ すすめ方 ・・・・・・・・・・・・・・

① 　分からない言葉を辞書で調べようとする子がいたら，教師は「今，辞書を使おうとした人は，素晴らしい！　分からないことをそのままにしないので，すぐに調べる子は賢くなれます」とほめる。

② すぐ調べられるように，辞書は机の上に置いておく約束にする。

③ 辞書を使う子がいたら，その度にほめる。すると，子どもたちは頻繁に辞書を使うようになる。

④ ノートを書く時に習っていない漢字を調べて書く子がいたら，「○○さんのノートは110点です。なぜだか分かりますか？」とクラスのみんなに聞く。

⑤ 習っていない漢字を調べて書いていたことに気づいた子は，「よく気づいたね。習っていない漢字も辞書で調べて書けば，もっと賢くなれるね」とほめる。すると，他の子も漢字を調べて書くようになる。 （仲西）

8 先を見通している子をホメる！

> 先を見通して行動した子をほめましょう。教師の指示を待たず，自分で動ける子どもたちに成長していきます。

すすめ方

① 算数の問題文を途中まで書く。そこで「解いてください」と言う。「問題の続きを書いてください」と言う子がいたら，「本当にできないの？」と問い返す。

② 「もし足し算なら……，引き算なら……」と先を見通して答える子が出る。そこで，「言われる前にやるのは上の上です。先のことを考えて行動することはとても難しい。先を考えて行動できた○○さんは，すごい！」とほめる。

③ 準備が必要な教科の時は「今日は，体育があるね。すぐ運動したいよね。今日の体育は何を準備したらいいですか？」などと聞いておく。すると，クラス全員で休み時間に準備をする。そこで，「先を見通せるクラスだね」とほめる。

④ 先を見通して動くことをほめ続ける。すると，「今日は○○だから，○○しよう」と考えるようになり，指示を待つ子が減ってくる。 　　　　　　　　　　　　　　　（西山）

9 疑問を持った子をホメる！

　子どもたちは，疑問を持ったことについて，積極的に調べるものです。疑問を持った子をほめて，調べ学習への意欲づけをしましょう。

∴∴∴∴∴∴∴∴∴∴∴∴∴∴ すすめ方 ∴∴∴∴∴∴∴∴∴∴∴∴∴∴

① 　例えば，社会科の導入。教師が「『安全なくらしを守るために』という言葉から思い浮かぶことは何でしょう？」と聞く。

② 　子どもたちは思いついたことを発表する。教師が「へ～，なるほど！」と認めると，どんどん意見が出る。

③ 　発表させていくと，「火事が起きてすぐに消防車が来るのは，どんな仕組みになっているの？」と質問する子が出る。

④ 　教師は「さすが！　疑問を持つのは，素晴らしいことです。学びは疑問から始まります。疑問を持った○○さんに拍手～！」とほめる。

⑤ 　「他に疑問はあるかな？　○○さんを見習って，たくさん出しましょう」と言い，疑問を発表し合う。たくさん疑問が出ると，調べ学習への意欲が高まる。　　　　　（川口）

⑩ 試合でホメる！

体育で行う試合では，勝ち負けにこだわりすぎてケンカが起きることも珍しくありません。体育の時間の目的を伝え，成長し合う姿をほめて育てましょう。

······························ すすめ方 ······························

① 教師は「体育の試合は，勝つことが目的ではありません。試合を通して，みんなが協力し，上手になることが目的です」と体育の目的を伝える。

② 「ドンマイ！」と声をかけているチームには，「声をかけ合って協力できるチームって，素敵だね」とほめる。

③ 試合後，練習やアドバイスをしているチームには，「協力できてるね。人に教えることで，自分も成長できるよ」とほめる。

④ 負けたチームが相手チームをほめたり拍手したりしていたら，「負けた責任を誰かのせいにせず，相手の強さを認める姿がすごい！」とほめる。

⑤ この他にも素晴らしい姿があれば，クラスみんなの前でどんどんほめるとよい。　　　　　　　　　　　　　（西山）

授業②
発表で
ホメる！

　発表できない理由の１つは，「こんなこと言って，大丈夫かな？」と自信がないからです。

　教師がどんどんほめて，「大丈夫！」と安心させましょう。

　子どもたちは，自信を持って，生き生きと発表できるようになります。

1 発表が苦手な子は机間巡視でホメる！

発表や大きな声を出すのが苦手な子がいます。そんな子は，机間巡視の時に書いている意見をほめましょう。そうすると，自信を持って手を挙げるようになります。

・・・・・・・・・・・・・・・・ すすめ方 ・・・・・・・・・・・・・・・・

① 机間巡視の時，発表が苦手な子に「ノートに書いてある○○さんの意見，みんなが聞いたら勉強になるね。発表してくれるとうれしいなあ」とほめて，お願いしておく。

② その子は，自信を持って手を挙げ，発表する。

③ 発表できたら，「○○さんの意見，最高！　みんなの勉強になった！」と，みんなの前でもほめる。

④ 挙手できなければ，「○○さんの意見，みんなに聞いてほしいから発表してくれるかな？」と聞く。発表できれば，「がんばったね！　みんなのために発表してくれた○○さんに拍手～！」と努力をほめる。

⑤ 授業後も「勇気を出して発表できたね。一歩前進した。その一歩がうれしいなあ」などとほめる。すると，その子は，どんどん手を挙げるようになる。　　　　　　　　　　（西山）

②「素晴らしい間違いだ！」と ホメる！

みんながしそうな間違いをした子には，「この間違いは みんなの勉強になるね。素晴らしい間違いだ！」とほめ ましょう。間違えて落ち込んでいる子も元気になります。

·· すすめ方 ··

① 例えば，小数のかけ算の筆算を黒板に書かせた時。たし 算のように小数点を揃えて書いてしまう子が出る。

② 教師は「この筆算は正しいでしょうか？ ○か×か出し ます」と言い，子どもたちに○×ポーズで答えさせる。

③ 続けて，「正解は，……×です。小数点を揃えるのは， 何算だった？」と聞く。子どもたちは「たし算とひき算」 と答える。

④ 「この間違い，よくしてしまうんです。でも，○○くん が間違ってくれたお陰で，みんなよく分かったよね」と言 う。

⑤ 教師は「素晴らしい間違いをして，みんなを賢くしてく れた○○くんに拍手～！」と言う。そして，クラスみんな で拍手を贈る。すると，間違えた子も笑顔になる。（中村）

③ 間違えた子をホメる！

間違えた子をほめましょう。間違えた子の考えを理解することで, 間違いを認め合えるクラスになっていきます。

．．．．．．．．．．．．．．．．．．．．．．．．．．．　すすめ方　．．．．．．．．．．．．．．．．．．．．．．．．．．．

① ある子が（12 ＋ 4 × 3）÷ 6 ＝ 8 と間違えた時,「○○さんが間違えてくれたお陰で正解に 1 つ近づいたね」とほめる。間違うことは正解に 1 歩近づくことだという価値観を伝えるためである。

② 続けて,「○○さんがどうして間違えたかみんなで考えよう」と言う。「○○さんは, 先にたし算をしたと思うよ」と友達の考え方を分かろうとする子をほめる。

③ 他の場面でも,「どんな間違いをしたか？　教えてくれる人いる？」と聞く。

④ 間違いを発表してくれた子には,「どうして間違えたかを考えるのが勉強だね」とほめる。

⑤ いろんな場面で, 間違えた子をほめる。すると, 間違えた意見が出た時に「違いまーす」という子がいなくなる。間違いを認め合うクラスになった証拠である。　　　（西山）

意見をつなげる子をホメる！

前の意見を受けて発表している子をほめましょう。意見をつないで話し合えるようになります。

・・・・・・・・・・・・・・ すすめ方 ・・・・・・・・・・・・・・

① 教師は「前に発表した友達の考えにふれてから自分の考えを発表できるようになりましょう」と言う。

② 「○○さんが，□はとても大切だと言いました。それを聞いてぼくも大切だと思いました」と感想を言えた子には「○○さんの意見を聞いていたから，感想が言えたんだね」とほめる。

③ 「○○さんの□という意見はまったく思いつきませんでした。僕は△だと思います」と発表できた子には「○○さんの意見にふれてから，自分の意見が言えたね」とほめる。

④ 「○○さんの□は確かにその通りだと思います。でも僕は，△だと思います」と発表できた子には，「○○さんの意見を認めてから，反論できたね」とほめる。

⑤ 意見をつなげる言い方をほめていくと，自分たちで話し合いをつなげられるようになる。 （西山）

5 発表の仕方を伸ばすために ホメる！

　発表の時に，身につけさせたい技能は多いもの。よい発表の仕方をほめて，どんどん定着させましょう。

すすめ方

① 　算数の時間，教師は１人の子を指名する。そして，前に出て説明するように言う。

② 　その時，教師はその子に指示棒を渡す。そして，「指示棒を使うと分かりやすくなるよ」とアドバイスをする。すると，その子は指示棒を使って説明する。

③ 　「棒で指すと分かりやすくなったね。○○さんの考えがよく分かった」とほめる。

④ 　すると，他の子も真似して，指示棒を使うようになる。

⑤ 　他にもチョークで黒板に書きながら説明すること，「ここまでいいですか？」と確認しながら説明することなどを教える。そして，実際にやった子をほめる。すると，発表の仕方がどんどん上手になっていく。　　　　　（西山）

6 短冊でホメる！

> お手本になるよい話し方をした子をしっかりほめましょう。短冊に書いて貼っておけば，みんなが真似します。

すすめ方

① 友達が発表している時，「うんっ」とうなずきながら聞いている子がいたら，教師は「うなずき名人ですね！」とほめる。

② 短冊に「うんっ（うなずく）」と書いて教室の前に貼っておく。うなずいた子の名前も一緒に書く。

③ 短冊を見て，真似をする子が出る。教師は短冊を指さして，「使えてるね！」とほめる。

④ うなずく子がいない時は，教師は短冊を指さす。それに気づき，うなずき始める子が出たら「よく気づいたね！」とほめる。

⑤ 「まず」「例えば」「○○くんと同じで」などの発言が出たら，「いいですね！」とほめる。そして，短冊に書いて貼る。使ってほしい言葉をどんどん増やしていくとよい。（出嶋大）

7 真似して発表した子をホメる！

「学ぶことは真似ること」です。友達の真似をして意見を言う子がいたら，ほめましょう。友達のよいところを真似しようという雰囲気ができあがります。

・・・・・・・・・・・・・・・・・・・・・・・・・・ すすめ方 ・・・・・・・・・・・・・・・・・・・・・・・・・・

① 例えば，理科で「50％が酸素，50％が二酸化炭素の時，ろうそくの火はどうなるか？」という問題を出す。

② 自分の考えを書けない子がいたら，教師は「立ち歩いてそっと友達のノートを見てきていいよ」と言う。

③ 書けなかった子は，友達の所に行き，ノートを見せてもらう。そして，教えてもらった意見をノートに書く。

④ 列指名でノートに書いた意見を発表させる。友達の意見を参考にした子には，「人間はこれまでも真似をくり返し成長している。よいところは，どんどん真似をしていこう。真似る子は伸びます！」とほめる。

⑤ 「人の意見を真似して言っているだけじゃん」なんて絶対に思わせては，ダメ。「真似ることはよいことだ」という価値観をクラスに広めることが大切である。　　　（西山）

8 聞き手の反応をホメる！

> よい聞き手が育てば，話しやすい雰囲気になります。
> 発表が苦手な子は，まずは聞き方をほめて伸ばしましょう。

すすめ方

① 教師は「話を聞く時は，『あなたの話を聞いてますよ』と分かるように聞くことが大切です」と言う。

② そして，「友達の意見には何か反応しながら聞くといいね」と言う。

③ うなずいたり，首をかしげたり，拍手をしたり，反応しながら聞く子が出てくる。

④ 教師は，その子たちを「聞いているよという気持ちが伝わってくるなあ」とほめる。また，「うなずいているのがいい！ うなずくことは，『私も同じ意見だよ』と席で発表しているのと同じです」など具体的に何がよいのかほめる。

⑤ 授業の最後に「今日，発表できた人？」と聞く。また，「うなずいた子，首をかしげた子，拍手をした子もみんなの前で発表したのと同じだから手を挙げていいよ」と言う。すると，発表の苦手な子も堂々と手を挙げられる。（西山）

9 友達の発表をメモした子を ホメる！

　友達の発表はメモしながら聞かせましょう。ほめてメモを取ることが定着すれば，友達の意見を大事にするようになります。

すすめ方

① 授業中，教師は「友達のことは大事にします。当然，友達の発表はしっかり聞きなさい」と言う。

② 友達の方におへそを向けてしっかり聞いている子は「友達を大事にしている」とほめる。

③ おへそを向けて聞く習慣がついてきたら，教師は「さらに友達を大事にする方法があります。どうやって友達の発表を聞くとよいか分かりますか？」と聞く。

④ 子どもたちから正解は出ない。そこで，「メモを取りながら聞く」ことを教える。

⑤ 友達の発表をメモしながら聞く子が出てくる。「友達を大事にしている！」とほめれば，メモしながら聞くことが定着していく。(中村)

第4章

授業③
何でも
ホメる！

　授業中，子どもたちのよさを見つけたら，
何でもほめましょう！

　子どもたちは，ほめられることが大好き。

　ほめられると，授業が好きになります。そ
して，はりきって授業に参加するようになり
ます。

1 忘れ物をした子もホメる！

定規，下敷き，赤鉛筆などの学用品を忘れる子は多いもの。もちろん忘れたことは叱ります。しかし，忘れたものは，仕方がない。忘れた時にどうすればよいのか？望ましい行動をほめて伸ばしていきましょう。

すすめ方

① 教師は「定規，下敷き，赤鉛筆などの学用品を忘れたら，授業の前に先生に借りに来てください」と言っておく。

② 子どもが「忘れたので貸してください」と言いに来たら，まずは，忘れたことを厳しく叱る。

③ 叱った後，「きちんと授業が始まる前に借りに来れたね。忘れたままにしないことがエライです」とほめる。

④ 授業の後，「ありがとうございました」と返しに来たら，「礼儀正しいね。きちんと返してくれて，ありがとう」とほめる。

⑤ もちろん，厳しい対応も必要。何度も忘れるようなら，厳しく叱る。また，授業が始まってから借りに来た子には貸さない。 （西山）

2 ノートを具体的にホメる！

素晴らしいノートを具体的にほめ，ノートの取り方を定着させましょう。写真に撮って掲示すると効果的です。

...

・・・・・・・・・・・・・・・・・ すすめ方 ・・・・・・・・・・・・・・・・・

① 算数の文章問題では，式，図，答えの３点セットを書くことを指導しておく。

② 文章問題を解く時，３点セットを書いている子がいたら，「○○くん，式と図と答えの３点セットを入れて自分の考えを書いているなあ。えらいなあ」とほめる。

③ ３点セットに加え，工夫して書いている子がいたら，具体的にほめる。「○○さんは，答えの下に線が引いてある。どこに答えが書いてあるか，すぐに分かるね」など。

④ さらに「写真に撮って掲示していい？」とお願いする。すると，その子は大喜びでOKしてくれる。

⑤ 撮った写真は掲示する。「このノートは他のクラスにも見せたいなあ」「次の○年生の見本にしたいなあ」などほめると，さらに喜ぶ。そして，クラス全体にノートの取り方が定着していく。 （西山）

3 ペア決めでホメる！

> ペアを決める時，自分たちの2人組のことだけを考えてしまう子は多いもの。自分のことだけでなく，周りを気遣っている子をほめ，優しさをクラスに広げましょう。

すすめ方

① 2人組を作る時，教師は子どもの様子を注意深く見る。

② 困っている子に声をかける子がいれば，「○○くんは，自分のことだけでなく，周りを気にかけてあげている。優しい！」とほめる。

③　2人組を作れず，1人のままの子が出たら，教師は一旦ストップをかける。そして，「2人組ができた人は，自分は関係ないという顔で待っていてよいでしょうか」と言い，何をしたらよいか考えさせる。

④　2人組を作ることに再チャレンジさせる。

⑤　さっきより早く，全員が2人組を作ることができたら，「さっきよりも早くできた！　しかも，1人の人がいない。成長したね。優しい○年○組のみんなに拍手～！」とほめて，みんなで拍手をする。
（西山）

④ 音読テストでホメる！

友達の音読を聞き，拍手で評価させます。大きな拍手をもらった子は，ほめられたのと同じ。意欲的に音読に取り組みます。

･････････････････････････ すすめ方 ･････････････････････････

① 子どもたちは，順番に1人ずつ音読テストをする。

② 教師は1人が音読を終えたら，「まあまあだと思った人は，小さな拍手をします。上手だと思ったら中ぐらいの拍手，とても素晴らしいは大きな拍手をしましょう」と言う。

③ 子どもたちは，1人が音読テストを終える度に，拍手で評価をする。

④ 全員の音読テストが終わったら，「今日の音読MVPは誰でしょう？」と聞く。投票でMVPを決め，MVPにはみんなでスタンディングオベーションを贈る。

⑤ 教師は「友達の音読で真似したいところはありますか？」と聞く。「〇〇くんは『えっ？』の後に間を取っていました」など出たら，「友達のよいところに気づいてるね」とほめる。音読の技能を共有することもできる。 （川口）

**動画を見てメモをした子を
ホメる！**

> 動画を見ても，すぐに忘れてしまいます。メモしている子をほめて，メモを取ることを習慣づけましょう。

:::::::::::::::::::::::::: すすめ方 ::::::::::::::::::::::::::

① 授業中に動画を見せる。例えば，「心臓の働き」。

② 動画を見た後，「メモを取っていた人？」と聞く。数名が手を挙げる。教師はその子をほめ，「動画を見る時に大事なことはメモをすることです」と言う。

③ 教師は「メモする時は，具体的な数字や知らなかったこと，分からない言葉，疑問に思うことなどを書きましょう」と説明する。そして，もう一度動画を見せる。

④ 動画を見せた後，もう一度「メモを取った人？」と聞く。すると，人数が増えている。教師は成長したことをほめる。

⑤ 教師は「拍動は１分間に何回でしたか」などの質問をする。正解を答えた子は，「数字をメモをしているから答えられたね」とほめる。分からない言葉をメモした子は発表させ，教師が意味を説明する。そして，「○○君のおかげで１つ賢くなったね」とほめる。　　　　　　（西山）

6 筆算が苦手な子は スモールステップでホメる！

筆算が苦手な子は，計算でほめてもらえる機会がありません。筆算の手順をスモールステップでほめ，少しずつ自信を持たせましょう。

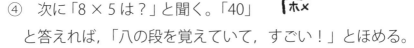

すすめ方

① 計算が苦手な子に「25 × 28」の筆算をさせる。

② 「まず 25 × 28 と書いてみよう」と指示し，書ければ「書けた。すごい！」とほめる。

③ 「次に何をしますか？」と聞く。「8 × 5」と答えれば，「筆算の順番が分かっているね！」と手順を理解していることをほめる。

④ 次に「8 × 5 は？」と聞く。「40」と答えれば，「八の段を覚えていて，すごい！」とほめる。

⑤ 「40 はどこに書く？」「すごい！　きちんと位をそろえて書けた！」など，手順を 1 つずつ進め，その度にほめる。

⑥ 計算でほめられたことのない子は，ものすごく喜ぶ。そして，自信を持ち，計算が少し好きになる。　　　　　（西山）

7 準備・片付けでホメる！

準備や片付けは，ほめるチャンスの宝庫です。速くできる子は，ほめて，他の子のために働けるように育てましょう。遅い子は，丁寧さをほめましょう。

すすめ方

① 班で準備や片付けをした時，素早く終えた班があったら，「素早い！　クラスで1番のスピードだ」とほめる。

② さらに「仕事の速い君たちがどうすれば，クラス全体の準備が速く終わると思う？」と聞く。

③ その班の子どもたちは，他の班の手伝いに行く。

④ 教師は「よく気がついたね。ありがとう。○班のお陰で準備が早く終わりました」とほめる。

⑤ 逆に最後まで準備や片付けをしている班は，「最後まできっちり準備して（片付けて）くれて，ありがとう」とほめる。（坂本）

51

8 作文の書き出しでホメる！

作文の書き出しがいつも「今日，○○がありました」では面白くありません。会話や音から書き出した子をほめ，真似をさせましょう。面白い作文ができあがります。

すすめ方

① 作文を書く前，「面白くするためには，どんなことを書けばいいかな？」と聞く。子どもたちからは，「会話文」「音や様子を表す言葉」「五感」などの意見が出る。それらを黒板に書いておく。

② いきなり会話文から始めたり，音から始めたりする子が出る。

③ 教師は，それらの作文を取り上げ，「『今日，○○がありました』と『うぉぉっ，すっげー』から始まった作文のどちらがいい？」と聞く。

④ 子どもたちは，「『うぉぉっ，すっげー』だ」と言う。そこで，「会話文や音から始めると面白いですね。この作文の書き出しはいいですね。最高！」とほめる。

⑤ 子どもたちは，真似をして会話文や音から作文を書き始める。そのため，面白い作文ができあがる。　　　（出嶋大）

9 理科室の約束事を確認して ホメる！

理科室には，たくさんの約束事があります。約束を
守っている子をほめ，定着させていきましょう。

・・・・・・・・・・・・・・・・ すすめ方 ・・・・・・・・・・・・・・・・

① 教師は「安全に実験するために，理科室にはたくさんの
約束事があります」と言う。

② そして，理科室の約束事を説明する。

③ 教科書，ノートをしまっている子には，「実験に必要な
物だけ出していてエライね」とほめる。すると，他の子も
教科書，ノートをしまう。

④ 椅子を中に入れて立って実験の準備をしている子には，
「火や危ない薬品を使う時は立
って実験するんだったね。よく
覚えていたね」とほめる。する
と，他の子も椅子を中に入れて
立つ。

⑤ 他の約束事も同じようにほめ
て定着させていく。　　（西山）

約束事…
まだ他に
あったか
な…

たくさん
ほめられ
たい →

⑩ 図書室の使い方をホメる！

> 公共のマナーを守る子に育てたいものです。図書室の
> マナーをほめ，子どもたちを育てていきましょう。

∙∙∙∙∙∙∙∙∙∙∙∙∙∙∙∙∙∙∙∙ すすめ方 ∙∙∙∙∙∙∙∙∙∙∙∙∙∙∙∙∙∙∙∙

① 図書の時間の終わり，教師は「読んだ本を元の場所に戻
した人？」と聞く。できた子には，「1点です。違う場所
に置いたら，本を探すのが大変になるからね」と言う。

② 続けて「本は開いたまま伏せると，痛みやすくなります。
伏せずにしおりを使った人？」と聞く。そして，「本が傷
むと次の人が困るね。次読む人のことを考えているね，プ
ラス1点」と言う。

③ さらに「騒いだり大声で話したりしなかった人？」と聞
く。できた子には，「プラス1点です。他の人に迷惑にな
らないようにできたね」と言う。

④ 全部できれば3点。3点取った子をほめる。

⑤ 次の週，もう一度聞く。全部できた子には「少しの気配
りでみんなが図書室を気持ちよく使えます。君たちは，み
んなで使うものを大切にできる人です」とほめる。（西山）

第 5 章

ちょっとした
場面でホメる！

子どもたちの様子をよく見てみましょう。

ほめるチャンスがたくさんあることに気づくはずです。

もちろん，気づいただけでは，ダメ。口にしなければ，子どもたちには届きません。

気づいたことは口にして，子どもたちをしっかりほめましょう。

1 叱られた時に素直な子を ホメる！

教師に叱られた時に，反抗的な子はいませんか？　素直に自分の非を認められる子をほめましょう。クラス全体に素直に注意を聞く姿勢が広まります。

すすめ方

① 教師が注意した時，素直に「はい」と自分の非を認める子がいたら，「○○くんは，素晴らしい！」とほめる。

② 教師は「成長する人としない人の差は何だと思う？」とクラスみんなに問いかける。

③ 子どもたちの意見を聞いた後に，「それは素直さです。注意をされて，すぐに行動を直す人は成長できます」と言う。

④ 「○○くんは，先生に注意されて，素直に『はい』と話を聞いていました。そういう人は，次は同じ間違いをしません。だから，成長できる。○○くんは，素敵な心の持ち主だなあ」とほめる。

⑤ 素直に反省できる子をほめ続けると，その姿勢がクラス全体に広まっていく。　　　　（西山）

郵便はがき

４６０－８７９０

４１３

名古屋市中区
　　丸の内三丁目６番27号
　　　　　（ＥＢＳビル８階）

黎 明 書 房 行

|||||||||||||||||||||||||||||||||||||||||||||||||||||||||

購入申込書　●ご注文の書籍はお近くの書店よりお届けいたします。ご希望書店名をご記入の上ご投函ください。（直接小社へご注文の場合は代金引換にてお届けします。2500 円未満のご注文の場合は送料 800 円，2500 円以上 10000 円未満の場合は送料 300 円がかかります。〔税 10％込〕10000 円以上は送料無料。）

（書名）	（定価）	円	（部数）	部
（書名）	（定価）	円	（部数）	部

ご氏名　　　　　　　　　　　　　　　　　　TEL.

ご住所 〒

ご指定書店名（必ずご記入ください。）　　　　　｜取次・番線印｜　この欄は書店または小社で記入します。

書店住所

愛読者カード

	－

今後の出版企画の参考にいたしたく存じます。ご記入のうえご投函くださいますよう
お願いいたします。新刊案内などをお送りいたします。

書名	

1. 本書についてのご感想および出版をご希望される著者とテーマ

※上記のご意見を小社の宣伝物に掲載してもよろしいですか?
　　　　□　はい　　　　□　匿名ならよい　　　　□　いいえ

2. 小社のホームページをご覧になったことはありますか?　□　はい　　□　いいえ

※ご記入いただいた個人情報は,ご注文いただいた書籍の配送,お支払い確認等の
連絡および当社の刊行物のご案内をお送りするために利用し,その目的以外での
利用はいたしません。

ふりがな
ご氏名　　　　　　　　　　　　　　　　　　　　年齢　　　　歳
ご職業　　　　　　　　　　　　　　　　　　　（男・女）

（〒　　　　　）
ご住所
電話

ご購入の 書店名		ご購読の 新聞・雑誌	新聞（　　　　　　　） 雑誌（　　　　　　　）

本書ご購入の動機 (番号を○で囲んでください。)
　1. 新聞広告を見て（新聞名　　　　　　　　　）
　2. 雑誌広告を見て（雑誌名　　　　　　　　　）　3. 書評を読んで
　4. 人からすすめられて　　　5. 書店で内容を見て　　　6. 小社からの案内
　7. その他（　　　　　　　　　　　　　　　　　　　　　　）

ご協力ありがとうございました。

2 ノートを揃えてくれる子を ホメる！

> ノートを雑に出す子を叱るのではなく，揃えてくれた子をほめましょう。相手を思いやる気持ちが育っていきます。

すすめ方

① ノートを集めた時，ノートの向きやズレを直してくれた子がいたら，教師は「今，先生のことを考えて行動してくれた人がいます。誰だか分かりますか？」と聞く。

② 教師は，続けて「○○さんです。ノートを揃えてくれました。ノートの向きが揃っていると，気持ちよく丸つけができます。ありがとう」とみんなの前でほめる。

③ 次にノートを集めた時には，さらに数人がノートを揃えてくれる。その度に「相手のことを考えた優しい行動だね。ありがとう」とほめる。

④ 出席番号順に並べてくれる子も出てくる。教師は「誰が出しているか分かりやすいね！ 先生のことを考えてくれて，ありがとう」とほめる。

⑤ 相手を思う気持ちが育ってくるので，他の場面でもほめる機会が増えてくる。 (仲西)

3 足りないプリントを取りに来た子をホメる！

プリントが足りなかった時，一番後ろの席の子が取りに来るクラスはダメです。足りないプリントを取りに来た子をほめて，人を思いやれる子に育てましょう。

.... **すすめ方** ....

① プリントが足りない時，最初は一番後ろの席の子が取りに来る。

② 教師は取りに来た子を「ありがとう。○○くんは，よく働く子だね」とほめる。

③ クラスには先生にほめられたがる子がいる。その子は一番後ろの席でなくても，プリントの枚数を数え，足りなければ取りに来るようになる。

④ 教師は「えっ!? 一番後ろの席じゃないのに，足りないプリントを取りに来てくれたの？ 優しいなあ。こういう気遣いって，なかなかできないよ」とオーバーにほめる。

⑤ 他の子もほめられたくて，プリントを早めに数え，足りない時は取りに来るようになる。 （中村）

4 譲る子をホメる！

掃除道具などを我先に取りに行く子はいませんか？　みんなが「俺が俺が」と取りに行くと，混雑して危ないです。譲る子をほめて，取り合いにならないようにしましょう。

すすめ方

① 子どもたちに，掃除道具，ボール，理科の実験道具などを取りに行かせる。

② 子どもたちは，我先に取りに行き，混雑する。教師は「すごくやる気があってうれしいけど，一度席に戻ってください」と言い，席に座らせる。

③ 先に来た子が，後から来た子に「はい，どうぞ」と渡すのが友達のことを考えた素晴らしい行動だと話をする。

④ もう一度やらせると，一番に取りに来た子が掃除道具を後から来た子に渡す。そこで，「友達のことを考えた行動だ」とほめる。

⑤ 後から来て並んでいる子どもたちも「順番に並んで待っている姿がえらい」とほめる。また「ありがとう」と言って両手でもらっている子がいたら，もっとほめる。（西山）

5 進んで仕事を見つける子を ホメる！

　進んで仕事を見つける子を育てるためには，教師の仕掛けが欠かせません。ちょっとした仕掛けを用意して，ほめる場面をたくさん作っていきましょう。

・・・・・・・・・・・・・・・・・・・・・ すすめ方 ・・・・・・・・・・・・・・・・・・・・・

① 　返却するノートを教師が手に持って立つ。すると，気づいた子が「先生，配りましょうか？」と言う。

② 　その子にノートを配ってもらう。すると，その姿を見て，「私も手伝う」という子が現れる。

③　配り終えた後，教師はクラス全体に向かって，「今，ノートを配っていた子に気づいた人？」と聞く。

④　そして，教師は「○○さんは，先生がノートを配ろうとしていたことに気づき，配ってくれました。その姿を見て，△△さんは，手伝っていました。『今自分にできる仕事はないか』と探していないとできない姿です」とほめる。

⑤　その後，教卓にノートを置くと，配ってくれる子が出る。教師は「○○さんの行動が広がったね。こうやってクラスがよくなっていくんだね」とほめる。　　　　　（西山）

⑥ 席替えでホメる！

席替え１つとっても，ほめるチャンスはいっぱい。思いやりのある行動を教師が見逃さないことが大切ですね。

・・・・・・・・・・・・・・・・・・・ すすめ方 ・・・・・・・・・・・・・・・・・・・

① 席替えで席を移動する時，教師は子どもたちの様子をよく見ておく。

② 「お先にどうぞ」と道を譲る子がいる。教師は「○○さんが，今，道を譲っていました。自分のことばかり考えていない行動がいいね！ 心が温まるね」とほめる。

③ 教師の言葉を聞いて，道を譲る子が増える。教師は「先生の話を聞いて，もう実践してくれた人がいます。△△さんです。すぐに行動に移せるって，心が素直で，いいですね！」とほめる。

④ 欠席の子の席を動かす子もいる。「休んでいる□□さんの机を運んでくれた子がいます。気づいた人？」と聞く。「欠席の子の机を運んであげるなんて優しいね」とほめる。

⑤ その他，教師が気づいたよさはどんどんほめる。席替えを行うだけで，クラスが温かい雰囲気になる。 （西山）

7 些細なことを見逃さずに ホメる！

些細なことでもほめられるとうれしいものです。当たり前だと思わず，どんどんほめていきましょう。

・・・・・・・・・・・・・・ すすめ方 ・・・・・・・・・・・・・・

① 例えば教師は「学校は勉強するところです。学習道具がそろっていないと自分が困ります」と話す。そして，筆箱の中身を確認させる。

② 「鉛筆がきちんと削ってあるね。やる気を感じるなあ。しかも短い順に並べてある。どれから使ったらいいか分かりやすいね」「すぐに書けるように削ってあるね。勉強に対するやる気を感じるなあ」などほめる。

③ 他にも，ぞうきんの角を揃えて干している子には「角を揃えて干すと，次，使いやすいね。人は見ているものに似てくるというからね。心もきれいになるね」とほめる。

④ 些細なことでもほめられるとうれしいもの。その行動がなぜよいのか？ 教師が理由づけて，どんどんほめるとよい。

(西山)

8 まずはゴミに気づいた子をホメる！

ゴミが落ちていても，拾わない子がいます。その理由は，気づかないから。まずは，ゴミが落ちているのに気づいている子をほめましょう。

すすめ方

① 工作などで紙を切った授業の後，教師は何も言わずに休み時間を過ごさせる。

② 次の時間の最初に，ゴミを拾う活動をする。拾ったゴミは，教卓に集めさせる。

③ 大きいゴミを選び，子どもたちに見せる。そして，「こんな大きなゴミが落ちていたね」と言う。

④ 全員立たせる。そして，「こんな大きなゴミが落ちているのに気づかなかった人，座る」と言う。気づいていなかった子は，座る。

⑤ 教師は「まずは，ゴミが落ちているのに気づくことが大切だよね。座ってしまった人たちも，まずは立っている人たちのように気づけるようにならないと。気づいている素晴らしい人たちに拍手〜！」とほめる。　　　　（西山）

次にゴミを拾った子をホメる！

> ゴミを拾わない理由のもう1つは，みんなのために働く気がないから。次は，ゴミを拾った子をほめて，みんなのために働ける子にしていきましょう。

すすめ方

① （前ページの続き）ゴミが落ちていることに気づいた子だけが立っている。

② 教師は「ゴミを拾わなかった人，……残念。座る」と言う。ゴミを拾っていない子は座る。

③ 「立っている人たちは，ゴミが落ちているのに気づける人たちです。そして，ゴミに気づいたら，『自分が拾おう』と働ける人たちです。気づいているのがエライ！ みんなのために進んで働けているのがエライ！」とほめる。

④ さらに「他の人たちも立っている人たちのように，まずはゴミに気づくこと。そして，気づいたら，みんなのために進んで働くこと」と言う。

⑤ くり返し同じような指導をする。すると，ゴミを進んで拾う子が増えてくる。 （中村）

10 友達のよさを見つけた子を ホメる！

教師からほめられるのは，うれしいもの。でも，友達からほめられると，もっとうれしいもの。意図的に子ども同士でほめる場面を作りましょう。

すすめ方

① まずは，教師がとにかくほめる。「○○くんが何も言わないのに，健康ファイルを届けてくれました」「○○さんは友達が汚した床をサッと拭いて手助けしていました」など，よさを見つけたら，みんなの前でどんどんほめる。

② 教師がどんどんほめるので，子どもたちにも友達のよさを見つける目が育っていく。

③ 例えば，一番後ろの席でない子が「先生，プリントが足りません」と言いに来た時，教師は「今の○○さんの行動のよさが分かりますか？」と聞く。

④ 「プリントを先に後ろの人に回して，足りない分を取りに行ってあげた」と気づく子が出る。

⑤ 教師は「よく気づいたね！ 友達のよさに気づいた○○さんも素晴らしい！」と言って，ほめる。 （出嶋大）

第 6 章

休み時間に
ホメる！

　休み時間は，教師にとっての休み時間では
ありません。

　子どもたちをよく見て，休み時間の様子を
把握しましょう。

　そして，子どもたちの力を伸ばすために，
よい姿をほめましょう。

　教師の休み時間は，ほめるためにあるので
す。

 **男女の仲のよさをホメる！**

> 　男女の仲がよいのは，いいクラスの証拠です。男女仲
> よく遊ぶ姿をほめて，クラスの雰囲気をよくしましょう。

<h2 style="text-align:center">すすめ方</h2>

① 　教師は「男女仲が悪いのは，いいクラスですか？」と聞
　　く。子どもたちは当然「いいえ」と答える。そこで「男女
　　仲がよい，いいクラスにしたいですよね」と言う。

② 　休み時間，教師が手つなぎ鬼をして遊ぶことを提案する。
　　先生と一緒に遊びたい多くの子が参加する。

③ 　男女で手をつないでいる鬼を見つけたら，ほめる。また，
　　異性を狙って追いかけている鬼を見つけたら，ほめる。

④ 　休み時間終了後も，「○○さんと△△さんは，男女仲が
　　よいクラスを目指して手つなぎ鬼をしていました」と男女
　　関係なく手をつないで遊んでいた子をほめる。

⑤ 　その子たちに感想を聞く。男女関係なしに追いかけた方
　　が面白いという意見が出れば，「男女で遊ぶことは恥ずか
　　しいことではなく，楽しいことなんだね」と男女が仲よく
　　するよさを広げていく。　　　　　　　　　　　　（西山）

2 「遊ぼう」と声をかけた子をホメる！

> 「遊ぼう」と誘う子の言葉１つをほめるだけでも，クラスの雰囲気がガラリと変わっていきます。

・・・・・・・・・・・・・・・・ すすめ方 ・・・・・・・・・・・・・・・・

① 休み時間に入ったら，教師は子どもたちの様子を詳しく見ておく。

② 「誰かドッジしよう」と友達を誘う子がいたら，「みんなと仲よくなろうと声をかけた姿，いいね！　先生，うれしいな」とほめる。

③ 続けて，声をかけられた子に「勇気を出して○○さんが呼びかけたのに，反応しないのですか？」と問いかける。

④ 声をかけられた子は，「いいよ」「△△するからごめん」などと反応する。

⑤ 教師は，「反応があるとうれしいよね，そんなクラスは素敵だなあ」とほめる。

⑥ 別の機会に友達を誘う子がいたら，ほめる。また「○○さんの行動が広がったね。いいことを広げてくれてありがとう」とほめる。すると，友達を誘う子が増える。（西山）

3 他の学年と遊んでいる子を ホメる！

他の学年と縦のつながりを作ることも大切です。仕掛けを用意して，他の学年と遊ぶ子をほめましょう。

・・・・・・・・・・・・・・・・・・・・ すすめ方 ・・・・・・・・・・・・・・・・・・・・

① 教師は「休み時間，他の学年とも一緒に遊ぶと楽しいね。そういう係を作らない？」と提案する。子どもたちは，係を作る。

② 係の子が他の学年のクラスに「一緒に遊びませんか？」と声をかけに行く。高学年なら低学年にドッジボール，長縄などを「一緒にしませんか？」と呼びかけに行く。

③ 低学年でも楽しく遊べる工夫をしたり，優しく接したりする場面が多く見られる。教室で「低学年の子たちが喜んでいたね，さすが○年生です」とほめる。

④ 特に活躍している子がいれば，「○○くんは，低学年の子がボールを取りやすいように投げていたね。みんなが楽しめるように考えた姿に感心しました」などほめる。

⑤ お礼の言葉をいただくことも多い。子どもたちに伝えると喜ぶ。そして，ますますはりきって活動する。　（西山）

④ 練習している子をホメる！

体育の球技の試合に勝つために，休み時間にチームで練習する子がいます。その子たちをほめて，教え合う集団にしていきましょう。

●●●●●●●●●●●● すすめ方 ●●●●●●●●●●●●

① ポートボールなどの試合を授業でした後，教師は「上手な子だけが点を入れるのではなく，全員が点を取れるようにするにはどうしたらよいですか？」と聞く。

② 子どもたちは「練習したらよいと思います」と答える。

③ 「休み時間，練習してもいいですか？」と聞く子が出る。教師は許可をする。そして，「○○さんのチーム，休み時間を使って練習するんだって，すごいなあ」と全体に言う。

④ 次の体育の時間，「休み時間を使って練習した成果だね。いいパスをつないでるよ」「前回の試合よりチームプレーがよくなってるね。特に声を掛け合っているのがいいなあ。休み時間練習したからだね」など具体的なプレーをほめる。　　　（西山）

週に1回は昼休みに子どもたち を見回ってホメる！

> 昼休み，週に1回は子どもたちの遊びの様子を見回っ てみましょう。まさに「ホメる！」ための昼休みになります。

･･･････････ すすめ方 ･･･････････

① 昼休み，週に1回は子どもたちの遊びの様子を見て回 る日にする。

② 1年生の子と遊んでいる子がいたら，「○○さんは，お 姉さんとして1年生と遊んでいました。優しい姿に感動 しました」とほめる。

③ 男女仲よく鬼ごっこをしていたら，「△△さんたちは， 仲よく鬼ごっこをしていました。男女が仲がよいのはいい クラスの証拠だね」とほめる。

④ 鉄棒を練習している子には，「上手になろうといろいろ な技に挑戦する気持ちがいいね。特にさか上がりが上手 だったなあ。今度見本を見せてね」とほめる。

⑤ その他にも，気づいたことがあれば，どんどんほめる。 見て回ることで，子どもたちの遊びの様子がよく分かり， ほめるチャンスを得ることができる。　　　　　　（西山）

6 雨の日の過ごし方をホメる！

雨の日は外で遊べず，トラブルが起こりがちです。よい過ごし方を黒板に明示して，その通りに過ごせている子をほめましょう。すると，トラブルが起こりにくくなります。

···················· すすめ方 ····················

① 雨の日，教師は「雨の日は外で遊べません。安全に安心して遊ぶにはどうしたらよいでしょう？」と聞く。

② 子どもたちは，「廊下を走らない」「教室で騒がない」「みんなでトランプをしたらいい」など意見を出す。

③ 出された意見は黒板に書いておく。

④ 休み時間に入る前，教師は「黒板に書いてあることを守って休み時間を過ごしてください」と言う。

⑤ 廊下を走らず歩いている子がいれば，「みんなで考えたことが守れているね！」とほめる。書いてあることが守れない子を注意してくれたら，「注意してやめさせるのが，本当の友達思いだね！」とほめる。もちろん，注意してもきかない子には厳しく叱ることも必要。　　　　　（川口）

7 人を責めず自分の行動を反省する子をホメる！

ケンカの後は，相手の悪いところを責めるのではなく，自分の行動を反省させたいものです。自分の悪いところを反省する子をほめて，ケンカを成長のきっかけにしましょう。

すすめ方

① 休み時間にはケンカが起こる。2人を呼んで話を聞くと，「○○が悪い」と相手を非難する子が多い。

② 教師は「2人とも悪いところがあったと思います。人のせいにばかりせず，自分の行動を反省してみよう」と言う。

③ すると，「僕が△△したから○○が怒ったんだと思う」と自分の行動を反省する子が出る。教師は「自分の悪いところに気づいて素晴らしい。人のせいにばかりせず，自分を反省する子は，成長できるよ」とほめる。

④ すると，相手の子も自分の行動を反省するようになる。それを教師はほめる。

⑤ クラス全体でも「他人を攻撃する人は，成長できません。でも，2人は自分を反省したから，仲直りできたし，大きく成長できた！」と2人をほめる。　　　　　　　　（西山）

教室移動前の並び方でホメる！

　教室移動の時，廊下に騒いで並び，教師が大声で注意することも多いのでは？　あらかじめ大事なことを確認すれば，ほめて気持ちよく教室移動できます。

すすめ方

① 　教室移動の前，教師は「教室移動で並ぶ時，どんなことに注意するといいですか？」と質問する。子どもたちは，「背の順で並ぶ」「黙って並ぶ」など言う。

② 　子どもたちから出たことを確認する。そして，「廊下に並んでください」と指示を出す。

③ 　並び終わった後，廊下で「確認したことはできました。100点です。でも100点以上の子がいます」と言う。

④ 　もう一度，子どもたちを席に座らせる。そして，「椅子を両手でしまった子？　プラス10点です」「友達のところへ寄り道せず，1人で廊下へ出た子？　プラス10点です」など，最初に気づかなかった点ができた子をほめる。

⑤ 　もう一度並ばせると，1回目よりよくなる。教師は「成長しようという気持ちが素敵ですね」とほめる。　　（西山）

9 教室移動でホメる！

「廊下を静かに歩きましょう」と言うだけでは，子どもたちは静かに歩けません。どのように歩くのか具体的に伝え，できたらほめましょう。

① 教室移動をする前，教師は「悪い移動の仕方ってどんな移動ですか？」と聞く。子どもたちは，「お話をして歩く」「音を立てて歩く」などと答える。

② 続けて「お話をしないのは簡単ですよね。では，音を立てないためには，どうやって歩けばいいですか？」と聞く。しかし，正解を言う子は，まず出ない。

③ そこで教師は，「足音を立てずに歩くには，廊下は足をかかとからつけ，階段はつま先からつけるといいです」と教える。

④ 少しイメージをさせてから体育館へ移動する。途中，「かかとからつけているね，静かです」などとほめる。

⑤ 低学年には，「忍者のように歩く」という指示でもOK。「本物の忍者みたいだ！」とほめるとよい。　　　　　　　（西山）

給食・掃除で
ホメる！

　給食や掃除は一生懸命するけど，授業はグチャグチャ……そんなクラスはあり得ません。給食や掃除を一生懸命やるクラスは，授業にも他のことにも一生懸命取り組みます。

　よいクラスを作るには，給食や掃除が大事なポイントなのです。

　子どもたちをほめてほめてほめまくって，給食や掃除に全力で取り組ませましょう。

1 給食の準備時間でホメる！

よいクラスは，給食の準備が早いものです。目標時間を設定し，子どもたちの素早く準備する姿をほめましょう。どんどん準備時間が早くなっていきます。

すすめ方

① 給食の準備時間の目標を 10 分以内に設定する。「準備は？」（教師）「10 分以内！」（子どもたち全員が声を揃えて）と合言葉にするとよい。

② 教師は「素早く準備するコツは，取りかかりと協力です」と説明する。

③ 身支度を素早くすませる子は，「取りかかりが素晴らしい！」とほめる。1 人が牛乳の入った箱を

「協力が素晴らしいな」
「取りかかりが早いね」
「段どりがいい」
「したくがテキパキ」
いろいろ
ホメよう…

持ち，もう 1 人が箱から 1 本ずつ取って配っている姿を見つけたら，「協力が素晴らしい！」とほめる。

④ 準備時間は，キッチンタイマーで計る。

⑤ 準備が 10 分以内にできたら，「目標タイム，クリア！早い！ 素晴らしいクラスだ！」と全体をほめる。（中村）

おかわりする子をホメる！

「おかわりをする子」＝「感謝の心を持った子」という位置づけをしましょう。子どもたちがどんどんおかわりするようになり，残菜がなくなります。

すすめ方

① 教師は「給食は動物や植物の命をいただいています。調理員さんに作っていただいています。お母さん，お父さんに給食費を払っていただいています。それなのに残しては申し訳なさすぎだよね」と話をする。

② 続けて，「○年○組は，感謝の心を持って，残菜０（ゼロ）にします」と宣言する。「感謝の心で？」（教師）「残菜０！」（子どもたち）と合言葉も決める。

③ 給食中，おかわりする子が出たら，「○○くんは，感謝の心を持った素晴らしい子だ！」とほめる。

④ 給食時間の最後に合言葉を確認し，「感謝の心でおかわりした人？」と聞く。子どもたちは，威張って手を挙げる。

⑤ 教師は「感謝の心を持ったエライ人たちに拍手〜！」と言い，クラス全員で拍手を贈る。　　　　　　　　　（中村）

3 こぼれた給食を片付ける子を ホメる！

給食をこぼしてしまった子がいたら，片付けを手伝っ
てあげている子をほめましょう。誰かのミスは，みんな
でカバーするという態度が身につきます。

・・・・・・・・・・・・・・・・・・・・・・ すすめ方 ・・・・・・・・・・・・・・・・・・・・・・

① 給食をこぼしてしまった子がいたら，教師は注意せずに
片付けを手伝う。

② 他の子どもたちも，何人かが手伝ってくれる。

③ 片付けが終わったら，「先生だったら，給食がこぼれた
時，さっと手伝いに来てくれた人たちと仲よくなりたいな
あ。優しいもんね。手伝ってくれた人，自分が落としたわ
けじゃないのに，さっと手伝ってくれて，ありがとう」と
みんなの前で言う。

④ 次に給食をこぼしてしまった子
が出た時には，さらに多くの子が
手伝ってくれる。「先生のお話よ
く覚えてくれてたね。思いやりが
あるね」とほめる。　　　　（西山）

4 休んだ子の席を班にした子を ホメる！

　給食を班で食べるのに，お休みの子の席はそのまま。何かさみしくありませんか？　お休みの子の席を移動し，班にしてあげる子をほめて，温かいクラスを作りましょう。

① 給食を班で食べる時，教師はお休みの子の席がどうなるか見ておく。

② 誰かがお休みの子の席を移動して班にしてあげたら，教師は「○○くん，優しい！　欠席でもそうやって班にしてあげたら，お休みの子もさみしくないね」とほめる。

③ お休みの子が出ても，次からは誰かが班にしてくれる。もちろん，その子も「優しい！」とほめる。

④ 班にしてあげる子がでなければ，教師は「何かこの教室，さみしくないですか？」と聞く。

⑤ 「お休みの子の席が班になっていない」と気づく子がでれば，「優しい！」とほめる。さらに，席を動かしてあげる子がでたら，「優しい！」とほめる。　　　　　　（中村）

5 食器の返し方でホメる！

食器をきれいに返している子をほめましょう。食器をきれいに返すことで，調理してくれた人に感謝の気持ちを表す態度が育ちます。

すすめ方

① 教師は「食器をきれいに返すことで調理員さんに感謝の気持ちを表しましょう」と言い，子どもたちと約束する。

② 友達がぐちゃぐちゃに入れた食器を並べ直す子がいたら，「ありがとう。調理員さんもきれいに並んだ食器を見たらうれしいだろうね」とほめる。

③ 「ガチャン」と大きな音を立てた子の後に，静かに置い
　　た子がいたら，「食器を大事にしているね。食器も大切に
　　扱わないとだめだね。割れてしまったら調理員さんも悲し
　　いよね」とほめる。

④ 食器をきれいに返すことが定着してきたら，「食器を丁
　　寧に並べるクラスになったね」と全員をほめる。

⑤ さらに「みかんの皮などのゴミも工夫次第で感謝の気持
　　ちを表せるよ」と言うと，工夫するようになる。　　（西山）

第7章●給食・掃除でホメる！

83

6 手を汚すのを嫌がらない子を ホメる！

> 掃除上手は，手を汚すのを嫌がりません。掃除上手の法則を紹介して，子どもたちをやる気にしましょう。

すすめ方

① 教師は「先生は長年，子どもたちの掃除を見ていて，ある法則を発見したんです」と言う。子どもたちは興味津々。

② 「掃除が上手な子は，ぞうきんを担当します。掃除が上手じゃない子は，ほうきを担当します。掃除が下手な子は，黒板を担当します。掃除上手な子は，手を汚すのを嫌がらないんです」と説明する。子どもたちは納得の表情で聞く。

③ 教師は掃除を見て回る。そして，ぞうきんを担当している子をほめる。ほうきだけを担当している子には，ぞうきんも持って，両方やるように言う。

④ 子どもたちは，全員，ぞうきんを持って掃除するようになる。「手を汚して掃除できていて，エライ！」とほめる。

⑤ 手を汚す掃除の典型としてトイレ掃除を挙げておくとよい。子どもたちは進んでトイレ掃除を引き受ける。（中村）

7 隅まで掃除できる子をホメる！

掃除上手のポイントは，ずばり「隅まで掃除できること」です。隅まで掃除している子をほめて，掃除上手を増やしましょう。

① 教師は掃除の様子を見て回る。

② 隅まで丁寧に掃いたり拭いたりしている子がいたら，「掃除上手は隅まで丁寧に掃除できるんです。○○くん，うまい！」とみんなに聞こえるようにほめる。

③ 物を動かして掃除している子がいたら，「物を動かすと運動量が上がるよね。そして，何より隅まで掃除できる。△△さん，うまい！」とみんなに聞こえるようにほめる。

④ 他の子どもたちも教師にほめられたくて，隅まで掃除できるようになる。

⑤ 隅まで掃除できる子をどんどんほめる。すると，掃除上手なクラスができあがる。 　　　　　　　　　　　　　　　（中村）

第7章●給食・掃除でホメる！

85

8 目線を変えて掃除をしている
子をホメる！

目線を変えて掃除をする子をほめて，いろいろな汚れに気づかせましょう。教室が驚くほどきれいになります。

······ すすめ方 ······

① 教師は「目線を変えて掃除すると，教室が隅々まできれいになります」と説明する。

② 埃のたまりやすい黒板の上，窓のサッシなどを掃除している子には，「上から見ているね。人が思いつかないところに気づくなんてすごい！」とほめる。

③ 本棚の下，床の隙間にたまったゴミなどを掃除している子には，「下の方を見ているね。ゴミは下にたまるからね。顔を近づけないと小さなゴミは見えないね」とほめる。

④ 目線を変えることで今まで見えなかった汚れが見えるようになる。そのため，教室はものすごくきれいになる。

⑤ クラス全員で隅々まできれいになった教室を見ながら，「人は見ているものに心が似てくると言います。教室のようにみんなの心もきれいなんだね」とほめる。　　（西山）

 **MVPを発表してホメる！**

> その日の掃除のMVPを発表してほめましょう。MVPに選ばれた子は自信を持ち，ますます掃除にやる気を出します。

① 教師は子どもたちの掃除の様子を見て回る。

② がんばって掃除をしている子をメモする。

③ 掃除が終わった後，よかった掃除場所とその理由を発表する。「教室掃除の○○くん，大きな横拭きができていました」「外庭の△△くんと□□さん，取りかかりがよく，しかもずっと手を動かして止まることがありませんでした。ものすごい運動量です」など。

④ 教師は「素晴らしい掃除ばかりの中，本日のMVPは，……○○くんです！」と発表する。MVPの子を立たせ，みんなで拍手を贈る。

⑤ 毎日発表すれば，いろんな子をMVPに選べる。一度でもMVPに選ばれた子は，自信を持つ。そして，ますますはりきって掃除をする。 （中村）

10 「○年○組は掃除上手なクラスだ！」とホメる！

　「掃除上手だ！」とほめられ続ければ，人間その気になってしまうものです。「掃除上手なクラスだ！」とほめ続けて，子どもたちをその気にしちゃいましょう。

························ すすめ方 ························

① 　教師はことあるごとに「○年○組は掃除上手なクラスだ！」とほめ続ける。

② 　他の先生にほめられたら，すぐに子どもたちに紹介する。そして，「○年○組は，やっぱり掃除上手なクラスだね。他の先生にほめられて，先生も幸せ。君たちの担任でよかった！」とほめる。

③ 　学級通信でも掃除の様子を記事にする。そして，「○年○組は掃除上手なクラスだ！」と書き続ける。

④ 　子どもたちは，「自分たちは掃除上手なクラスだ！」と思うようになる。そして，掃除上手なクラスであることに自信と誇りを持つ。そうなれば，掃除を真面目にしない子を許さない雰囲気ができあがる。　　　　　　　（中村）

第8章

帰りの会・放課後でホメる！

終わりよければ全てよし！

1日の最後，子どもたちをほめて終わりましょう。

そうすれば，子どもたちは，「今日も楽しかった！」と思えます。

教師も，「今日も楽しかった！」と思えます。

子どもたちも，笑顔！　先生も，笑顔！

ほめて終わって，みんな笑顔で1日を締めくくりましょう。

弱い自分に勝とうとする子をホメる！

　弱い自分をふり返った子をほめましょう。「弱い自分に勝とう」という意識がクラス全体に広まれば，さぼる子を指導しやすくなります。

・・・・・・・・・・・・・・・・・・・・・・ すすめ方 ・・・・・・・・・・・・・・・・・・・・・・・・・

① 　教師は「自分自身を磨き一流の人間に成長するために，今日の自分はどうだったのか？　ふり返ってノートに書きましょう」と言う。ふり返りノートは毎日書くことにする。

② 　子どもたちは「今日は発表できなかったです。明日は発表したいです」など，できなかったことを書く。

③ 　教師は「弱い自分に気づけたね，それってすごいことだよ。明日は勝てるといいね」とほめ言葉をノートに書く。

④ 　次の日の朝の会，クラスみんなの前でも「弱い自分に気づいた○○さんのふり返り，よかったな。今日は自分に勝って，発表できるといいね」と言う。

⑤ 　「弱い自分に勝つ」という価値がクラスに広まれば，掃除をさぼる子，宿題を忘れた子にも「弱い自分に負けたね。勝つためにはどうしたらいい？」と指導できる。　　（西山）

2 小さな幸せに気づいている子をホメる！

「友達に〇〇してもらった」と小さなことに喜びを感じている子をほめましょう。小さな幸せにみんなが気づき始めると，クラス全体が温かい雰囲気に包まれます。

・・・・・・・・・・・・・・・・ すすめ方 ・・・・・・・・・・・・・・・・

① 毎日，ふり返りノートを書かせる。すると，「〇〇さんに……してもらった」と書く子が出る。

② 教師は「〇〇さんに小さな幸せをもらったね。△△さんもみんなに小さな幸せを返せるといいね。教室を小さな幸せでいっぱいにしよう」とコメントする。クラス全体にも「素敵なふり返り」のお手本として紹介するとよい。

③ 他の子も「消しゴムを貸したら，ありがとうと言ってもらってうれしかった」など小さな幸せについて書くようになる。

④ 教師は「小さな幸せを交換できたね」とコメントする。また，「素敵なふり返り」としてクラスみんなにも紹介する。

⑤ 小さな幸せにクラスみんなが気づくようになる。（西山）

91

3 じゃんけんチャンピオンをホメる！

1日をほめられて終われると最高です。じゃんけんに勝ってほめられるだけでも，気持ちよく「さようなら」できます。

••••••••••••••••••••••• すすめ方 •••••••••••••••••••••••

① 「さようなら」の前にじゃんけん大会をする。先生とじゃんけんして，あいこと負けは座る。くり返して行い，最後まで残った子がチャンピオン。

② 教師は，チャンピオンになった子を「すごい！　ジャンケン王だね。強すぎ！」とほめる。みんなで拍手も贈る。

③ ほめられたチャンピオンは，気持ちよく1日を終えられる。

④ 教師は，じゃんけん中の様子を見ておく。そして，「○○さん，2連勝だね。強いなあ」「△△さんが○○さんを応援しているのが優しいね」「ガッツポーズがいいね。お陰でゲームが盛り上がる」など，気づいたよさをほめる。

⑤ 優勝できなくても，ほめられた子はうれしそうにする。その子たちも，1日が気持ちよく終われる。　　　　（川口）

4 放課後の教室掃除でホメる！

> 教師が黙って教室の掃除をするだけ。それでも，子どもたちは手伝ってくれます。それをほめれば，お手伝いの輪がどんどん広がります。

すすめ方

① 放課後，教師が教室の掃除をする。子どもが残っていても，「手伝って」とは言わない。

② 何も言わなくても，「手伝っていいですか？」と言ってくれる子がいる。教師は「先生が何も言っていないのに，気づいてくれたね。ありがとう」とほめる。

③ 黙って掃除を手伝い始める子もいる。そんな子にも「思いやりがあるね。ありがとう」とほめる。

④ 掃除が終わったら，「手伝ってくれて，ありがとう。お陰で掃除が早くすんだ。助かった！」とオーバーにほめる。

⑤ 掃除を手伝ってくれる子が，日に日に増えていく。　（坂本）

93

5 担任以外の先生がホメる！

担任以外の先生にほめられると，子どもたちはうれしいものです。放課後，お互いのクラスの子どもたちのよい行動を教え合う時間を確保しましょう。

① 放課後，同僚と情報交換の時間を設ける。その時，お互いのクラスのよさを教え合う約束をしておく。

② 同僚は「○○さん，掃除の仕方が上手だね。何度もぞうきんで廊下を拭いている姿がいいね」など，教えてくれる。

③ 担任はクラスで「○○さん，掃除の仕方を△△先生がほめておられたよ。何度もぞうきんで廊下を拭いていたと感心していらしたよ。先生もうれしいなあ」と声をかける。

④ 「○組はあいさつの声が大きいね」など，専科からもクラスのよいところを聞いておく。

⑤ 担任はクラスで「□□先生があいさつの声をほめていらしたよ。担任の先生がいないところでも頑張れるみんなはすごいね」とほめる。子どもたちはうれしくて，ますます大きな声であいさつするようになる。　　　　　　　　　（西山）

6 黒板メッセージでホメる！

　放課後，子どもたちをほめるメッセージを黒板に書いておきましょう。次の日，教室に入って来た子どもたちは，朝からよい気分になれます。

すすめ方

① 　放課後，教師はその日1日の出来事を思い出す。

② 　子どもの成長が感じられた出来
事や心が温まった出来事を1つ選ぶ。

③ 　教師は黒板にその出来事について書く。「○○くん，△△さん，最後の1秒まで教室の掃除を頑張ってくれたね。ありがとう。これからもみんなのために教室をきれいにしてください」など。

④ 　個人名を出すのがポイント。もちろん，1ヵ月のうちに全員1回以上名前が出るように配慮する。

⑤ 　名前が書いてあった子は，うれしくなる。他の子たちも，次の朝は誰がほめられているか？　ものすごく楽しみにするようになる。

(西山)

7 黒板メッセージで子ども同士がホメる！

黒板メッセージを子どもに書かせましょう。子ども同士がお互いのよさを見つけ，ほめ合う機会になります。

・・・・・・・・・・・・・・・・・・・・ すすめ方 ・・・・・・・・・・・・・・・・・・・・

① 窓閉めをする，明日の日課を書くなどして，日直の2人が最後に教室を出るルールにする。

② 日直は1人ずつ，その日のうれしかった，楽しかった出来事を思い出す。そして，出来事を1つに決める。

③ 日直は，その出来事について黒板に書く。「○○くん，△△くん，昨日はドッジボール楽しかったね。いつも一緒に遊んでくれてありがとう」など個人名を入れたメッセージにするのがポイント。

④ 朝，子どもたちは教室に入ってメッセージを見る。名前のある子はうれしくなり，メッセージを書いた子とますます仲よくなる。　　　（西山）

8 付箋でホメる！

> 付箋に子どもたちへのほめ言葉を書きましょう。机の上に貼っておけば，子どもたちが注目します。

······················· **すすめ方** ·······················

① 放課後，教師はその日見た子どもたちのよい行動を思い出す。

② よい行動を思い出したら，付箋に書く。「○○さんが牛乳をこぼした時，すぐにぞうきんを持って行ってあげてたね。△△くんは，本当に優しいなあ」など。

③ 付箋をその子の机の上に貼っておく。

④ 朝，教室に入って来た子どもたちが付箋を見つける。自分の机に付箋が貼ってあると，ものすごくうれしくなる。他の人のでも，興味を持って読む。

⑤ 1日に5人程度書くとよい。また，1日1人限定にしても，特別感があってよい。

(出嶋早)

9 保護者に電話をしてホメる！

教師が気づいた子どもたちのよさは保護者に伝えましょう。自分の子がほめられれば，保護者はとってもうれしいもの。個人懇談や学級通信を待つのではなく，すぐに電話で伝えると効果的です。保護者の信頼が厚くなります。

すすめ方

① 教師が子どものよさに気づいたら，まずは，子ども自身をほめる。「怪我をした○年生の子に気づいて，保健室へ連れて行ってあげてたね。とても心優しいね。先生，うれしいなあ。保健の先生もほめていたよ」など。

② さらにクラスみんなの前でもほめる。

③ 放課後，教師は保護者に電話する。そして，「今日，○○さんがとてもよいことをしました。それをお伝えしたくてお電話させていただきました」と言い，内容を伝える。最後に「心優しい○○さんに感動しました！」などとほめる。

④ 我が子のよいところを聞くのは親としてもうれしいもの。「わざわざありがとうございます！」と感謝される。また，子どももお家の人からもほめられて大満足。　　　（西山）

⓾ はがきでホメる！

はがきでほめるのも効果バツグン。もらったはがきは，子どもたちの宝物になります。

・・・・・・・・・・・・・・・・・・・・・・・ すすめ方 ・・・・・・・・・・・・・・・・・・・・・・・

① 教師が子どものよさに気づいたら，まずは，子ども自身をほめる。また，クラスみんなの前でもほめる。

② 教師は子どもにはがきを書いて，投函する。「今日は○年生の子を保健室に連れて行ってくれて，ありがとう。本当に○○さんは，優しいね。優しい○○さんの担任で，先生は幸せです」など。

③ はがきが子どもの家に着く。最初に保護者が見る。保護者は，はがきを読んでうれしくなる。

④ 子どももはがきを読んでうれしくなる。また，保護者からもほめられうれしくなる。

⑤ 子どもはそのはがきを大事にとっておく。たまに読み返して，またうれしくなる。　　（中村）

執筆者一覧 <small>（所属は執筆時）</small>

「河内教員サークルＳＯＹＡ」メンバー

川口　哲男	奈良・奈良市立鳥見小学校
坂本　真一	大阪・守口市立錦小学校
出嶋　早苗	大阪・守口市立さつき学園
出嶋　大志	大阪・守口市立八雲小学校
仲西　成美	大阪・守口市立錦小学校
西山　克幸	大阪・守口市立錦小学校
吉田智佳子	大阪・守口市立錦小学校

河内教員サークルＳＯＹＡ

　2011年1月設立。大阪府河内地区の公立小学校教員を中心に集まったサークル。

　ＳＯＹＡは関西弁の「そや」（そうだね）という意味。教育技術や指導方法だけでなく，教師としての人間性，哲学（教育観）を磨き続ける講座などを開催している。

編著者紹介

●中村健一

1970年山口県生まれ。現在，山口県岩国市立川下小学校勤務。お笑い教師同盟などに所属。日本一のお笑い教師として全国的に活躍。

主な著書に『子どもも先生も思いっきり笑える73のネタ大放出！』『教室に笑顔があふれる中村健一の安心感のある学級づくり』『新装版　つまらない普通の授業に子どもを無理矢理乗せてしまう方法』『新装版　クラスを「つなげる」ミニゲーム集 BEST55＋α』『つまらない普通の授業をおもしろくする！　小ワザ＆ミニゲーム集 BEST57＋α』『ゲームはやっぱり定番が面白い！　ジャンケンもう一工夫 BEST55＋α』（以上，黎明書房），『中村健一　エピソードで語る教師力の極意』『策略　ブラック学級づくり―子どもの心を奪う！　クラス担任術―』（以上，明治図書出版）がある。

編著に『担任必携！　学級づくり作戦ノート』『学級担任に絶対必要な「フォロー」の技術』『子どもの表現力を磨くおもしろ国語道場』『新装版　厳選102アイテム！　クラスを「つなげる」ネタ大辞典』『健一中村の絶対すべらない授業のネタ78』『デキる！　教師の1日』『新装版　子どもが大喜びで先生もうれしい！　学校のはじめとおわりのネタ108』『新装版　めっちゃ楽しく学べる算数のネタ73』（以上，黎明書房），共著に『42の出題パターンで楽しむ痛快社会科クイズ608』『42の出題パターンで楽しむ痛快理科クイズ660』『クイズの出し方大辞典付き笑って楽しむ体育クイズ417』『笑う！　教師の1日』『もっと笑う！　教師の2日目』『新装版　教室で家庭でめっちゃ楽しく学べる国語のネタ63』『崩壊学級担任を救う33の方法＆つぶす13の方法』（以上，黎明書房），『子供が納得する個別対応・フォローの技術』（学事出版）がある。他にも著書多数。

出演DVDに「見て，すぐわかる授業導入のアイディア集―お笑い系導入パターン―」（ジャパンライム），「明日の教室DVDシリーズ36　学級づくりは4月が全て！　―最初の1ヵ月死ぬ気でがんばれば，後の11ヵ月は楽できる―」（有限会社カヤ）がある。

*イラスト・山口まく

新装版　ホメる！　教師の1日

2021年2月15日　初版発行

編著者	中村健一	
発行者	武馬久仁裕	
印刷	株式会社太洋社	
製本	株式会社太洋社	

発行所　株式会社黎明書房

〒460-0002　名古屋市中区丸の内 3-6-27　EBSビル　☎ 052-962-3045
FAX 052-951-9065　振替・00880-1-59001
〒101-0047　東京連絡所・千代田区内神田 1-4-9　松苗ビル4階
☎ 03-3268-3470

落丁本・乱丁本はお取替します。　ISBN978-4-654-02346-2